# 歌集「遠き視線」

横井妙子

# 歌集「遠き視線」によせて

碓田のぼる

横井妙子さんの第二歌集『遠き視線』が出版され、こんな嬉しいことはありません。横井さんの「あとがき」にもあるように、『遠き視線』の著者は、長い歌歴をもっており、そのことは今度の『遠き視線』所載の作品群四一五首を読んでいただければ、きっとご理解されることと思います。

著者が「あとがき」でも記しているように「短歌を始めて四十年になろうとしている」ことを思うと、何をおいてもこの歳月を歌を離さずに来たという事は、大きな驚きです。こうした長い歌歴もつ歌人ならば、すでに歌集は数冊を世に送り出しているのが当然のように私には思えます。横井さんの今回の『遠き視線』が二冊目ということは、私にとっては驚きです。このことは何よりも『遠き視線』の著者は活動的な人ですが、同時に控えめな落ち着きと、他者への人間的な敬意を大切にするという本質的なやさしさとに由来していると思います。

本歌集の表題の『遠き視線』は、なかなか意味深いものを含んだ題名と思いました。遠い視線は当然ながら近い視野を含んでいます。それゆえ作者自身も包んでいます。それと同時に、遠い視線の先が、そこで切れているのでなく、はるかな未来をさえイメージさせます。つまりこの視線は、時間と空間と丸ごとにして、著者の認識する世界をとらえている感じがあります。

石川啄木は、「性急な思想」というエッセーの中で、人間世界の真実をとらえるためには、われわれの視野・認識は「深く、強く、痛切」でなければならないと云っていました。この啄木の言葉は「遠き視線」のイメージと重なるように感じました。なかなか奥深い言葉と思います。

『遠き視線』の著者は、この含蓄深い言葉に、これからの道筋を描いていくことと思います。

『遠き視線』の著者が、このあとの歌集のためにも、この「視線」の中に含まれる日本の現実を、それこそ「深く、強く、痛切」なものとして今日の短歌に新たな力を加えられるよう心から期待するものです。

目次

## 歌集「遠き視線」によせて…3

雁田のぼる

## 四章…123

# 一章

二〇二二年にロシアのウクライナ侵攻がはじまり、世界中の人が戦争止めろと叫んでいる中、イスラエルがガザを爆撃し、今ではガザは新しいジェノサイドと言われている、かって、ジェノサイドにあった、ユダヤ人がパレスチナに対して行っているいる事が二重にショックだった。ジョンレノンが「想像してごらん」と歌った「イマジン」。私はガザ空爆に抗うように「イマジン」を聞いていた。娘の好きな沖縄の痛みは、私の痛みでもある。

## 本当の悲しみ

私はまだ本当の悲しみを知らない子供を失った母の悲しみ

私はまだ本当の寂しさを知らない祖国を捨てる老の寂しさ

私はまだ本当の恐怖を知らない銃突きつけ追われる恐怖

私はまだ本当の哀しさを知らない父を戦場に残す哀しみ

私はまだ本当の怒りを知らない普通の暮らしが奪われるウクライナの

## ウクライナ・ガザを撃つな

悲しくも九条の正しさ証明すガザに積まれる屍のやま

誰よりも冬の厳しさ知るロシア　ライフライン撃つその手よ凍れ

クリスマス停戦もなきガザ・ウクライナ　今宵電飾の街は色褪す

幼児まで殺されているガザ無残なり追い打ちかける冬の厳しさ

五歳の子がハマスであるわけがない無差別攻撃いますぐ止めよ

子供らの眼《まなこ》に焼き付くガザの町殺してよい人など一人もいない

ウクライナの焼かれし大地に芽吹きあれ麦の新芽に朝露光る

いつかきっと！

迫害の記憶は重く苦しくも命を賭けて匿いし人あり

「カナンの地」と言い張りて入植しオスロ合意も破りしイスラエル

アウシュビッツのアンネ・フランクもし在らばガザを撃つなと抗議したはず

こっそりと戦車の残骸記録する兵器会社の企みは何

イマジンを禁止せし国アメリカの兵器産業右肩上がり

憎しみの連鎖絶ち切る術ありや砂漠を緑野に変えし人あり

銃を捨て水路の工事に汗ながす農夫の顔は平和の笑まい

「天国も地獄も宗教もなく世界は一つになるんだ」いつかきっと！

## 国境線

国境線消せる消しゴムもしあらば軍隊なくし仲良く暮らす

ナショナリズムや兵器産業に負けるまい命産みゆく母性に賭けて

ミサイルが飛んで来るは必定と避難訓練するまるでパロデイ

有事には手当増額決めしより自衛隊募集のポスター目立つ

いのち生む母の嘆きは我が嘆き遺体の写真見るは苦しき

輸出した日本の武器に撃たれゆく児たちもあるか心がきしむ

四州を併合せしと胸張れど若者の逃亡止まらぬロシア

フリーフリー「ガザ攻撃止めよ」とコールする若者たちに未来を託す

**指切りげんまん**

九条で世界に誓った戦争放棄ゆびきりげんまんの小指が痛い

庶民には狂気と見える「軍拡財源法」モヤシで暮らす学生よそに

爆撃に赤くそまりしウクライナ衛星写真に大地が燃える

パン好きの孫の土産も値上がりし今日はウクライナの事など話す

平和への地下水脈は途切れなし軍拡反対パレードに若者多し

シャリアピンのボルガの舟歌哀しかりかって人民の造りし国よ

アイアンドームの話なんてもういやだ今宵無性に「イマジン」を聴く

## 月桃の花

月桃の可憐に咲き初む六月に沖縄全土が焦土と化せり

砲弾に崩れる壕の傍らの月桃の花は無残に散りし

「泣かすな」とは「殺せ」ということガマの悲劇の証言を聞く

凄惨な集団自決のガマの中駆り立てし者への怒り噛みしむ

梅雨空に月桃の花は咲き初みぬ都議選勝利の翳しとなして

一夜にて月桃の葉は霜枯れぬ平和を壊す一撃あるな

## ストーカーのごとく

権力がストーカーのごと監視する「土地利用規制法」の名目の下

「土地利用法」のもつ狡猾さ沖縄の「基地反対運動」の根絶見据え

一坪の土地も持たない娘にも「土地利用規制法」の網を被せる

「普天間基地」の隣に住みしそれだけに娘の暮らしも監視対象となる

## 青の哀しみ

如月の空の蒼さにかさね見る辺野古の海の青の哀しみ

アメリカに物も言えない隷属に怒りは募るわけて辺野古に



十七万人の「ウイザピープル」敵にして土砂投入か見通しもなく

日米の地位協定は策もなし日当九万円の警備費脹らむ

平然とジュゴンの死後も土砂投入す独裁政治の貌も露わに

**辺野古ハーリー競漕**

高速に「砲弾に注意」の立看板キャンプシュワブの真中《まんなか》走る

米兵も「辺野古ハーリー競漕」に参加する懐深し沖縄の海人

フェンス超え治外法権は拡がりぬ墜落事故も不時着として

沖縄は明日のわたし人権も安眠さえも奪われている

自衛官のシナイ派遣を決定す元号に沸く花冷えの朝

**花信風《かしんふう》となりて**

ヘブンブルーの海埋めたてらるる哀しさよ安保条約従属の果て

食みあとを残して消えたジュゴンたちなんの予兆ぞ地球のいのち

大浦湾の青珊瑚の群生は命きらめく魚のゆりかご

抱瓶《だちびん》に木五倍子《きぶし》を挿して卓に置く花穂も揺れて魚も跳ねるよ

いかほどの支援となるかわからねど沖縄物産展に今日も立ち寄る

「粛々と」言うたび増える小気味よさ辺野古基金は二億超えたり

沖縄を想いて植えし仏桑花　晩夏の庭に赤々と咲く

花信風《かしんふう》となりて地球を吹き廻れ名護市長選の大差の勝利

## ヒロシマ

人間が蒸発したという爆心地百万度超える火球につつまれ

おだやかな流れの底の哀しみよ夕闇のなか　川音立ちくる

川底に拾い尽くせぬ骨ありぬ語り尽くせぬ悲しみのごと

悲しみの炭と化したる幼児は母を求めて両手差しだす

ヒロシマの焦土に生いし雑草のいのち愛おしそっと踏みゆく

## 亀の背

故郷に帰れたろうか韓国の被爆者の碑は亀の背に乗る

隷属のままなる日本と気づかさる核兵器禁止条約に署名もできず

「被爆国日本」の名は記されず歴史は進む核なき世界へ

被爆者の願いも祈りも踏みにじる日本政府に怒りがつのる

胸熱くイマジン歌いし日の遠しいつかひとつになると信じて

オバマ氏の折りし鶴のメッセージ「原爆なくす勇気もとう」と

核兵器禁止条約に背をむけてジレンマ深しアメリカの夏

## ＮＰＴ世界大会

ホンジュラスこの国の名を忘れまい核禁止条約批准を決めし一票

核兵器禁止条約成りし日よわが一筆も小さく光る

被爆者の写真掲げて訴えるＮＴＰ世界大会の署名行動

ニューヨーク五番街にて訴える非核署名はみるみる埋まる

ポトマック河畔の桜さき初めて五月のニューヨークは花冷えしるき

わが折りし「青海波」の鶴をみて「おおミラクル」と叫びし男性《ひと》あり

# 灯篭流し

炎天の平和行進に顚ちてくる戦いに水を欲りつつ息絶えし人

似島の「少年少女のつどい」に参加せし息子は「核共有論」に迷わず否《ノン》と

幼き字で「せんそうはんたい」と書き灯篭流したるあの八月がまためぐりくる

若者がぐんぐん変える未来あれ戦闘機などもはや要らない

## 遠き視線

どてっ腹に核抱かさるる列島に被爆者の死は今も続けり

若者が魚雷とされしかの日より波に残れる悲しみの泡

戦場の血の匂い持ちうずくまる米兵哀し面伏せており

潮風に白つめ草は揺れやまず花踏みしだく軍靴あらすな

阿鼻叫喚の声など消せど胸を刺すシリアの子らの瀕死の映像

日常にリアルな映像流しつつ戦争の真実はついに語らず

社説にも憲法危うしの一字なく改憲草案一面に載る

星のなき都会の夜に馴らされて遠き視線を失いてゆく

# 二章

二〇二〇年のコロナ以前、まだ海外旅行にいく体力があり、家族も健康で毎年のように海外旅行に出かけた、二〇〇一年のＮＰＴ世界大会に参加したことは、その後の私の生き方を方向づけたし、ドイツやフランスでは、八月六日、ヒロシマに原爆の落とされたことも学んでいることを知った。日本では原爆の記述が教科書から消えているというのに。杉並区の助成金を活用し「きずなサロンたんぽぽ」を立ち上げ、高齢者の「戦争体験を語る会」は八月の恒例行事となった。リトアニアやサンクトベルグでは白夜の夜にも出会えた。九塞溝やチベット、清蔵鉄道にも乗り、悠久の歴史のほんの一端を覗いた。

## ゆり根ごはん

帰省せし吾娘に百合根のごはん炊く抱きし夢の花よ萎るな

うす甘きゆり根ご飯の湯気立ちぬ家族そろいし春の食卓

あきらめし夢のひとつを想いつつ百合の冬根を水に沈める

好き嫌いと百合の鱗片はがしゆき白く残れる芯のさびしさ

カサブランカの匂い抱きて待ちし夜冬の銀河は音たてていし

**花冷え**

止め得ぬ時の流れを聞くごとく宇治の瀬音にひとり覚めいる

愛という永遠への思いかみしめる宇治の川辺の早蕨の道

音もなくニセアカシアの花降りて義母の現の刻は失せ行く

乾杯のグラスは我にかかげられ定年退職の祝辞は続く

花束のリボンを解けば淋しさと薔薇の香りが部屋に満ちくる

花冷えにふいに顕ちくる哀しみよ米のとぎ汁澄むまで流す

**新茶**

さみどりの新茶に添える「古印最中」義父の回忌も無事に済みたり

床の間に宗旦木槿の花活ける解体間近き夫生れし家

母の日の余韻残して華やぎぬ花籠のある朝の食卓

見渡せど広がる畑地のあらずして山の暮らしの厳しさ思う

香ばしき味噌のかおりの五平餅まよわず買いてほうばりている

一泊の小さな旅に友ときて亡夫への想いしみじみと聞く

**実山椒**

実山椒の香り清しき厨なり保存食レシピに心弾ます

青楓の茶碗に薄茶点てている久方ぶりの一人の時間

真夜覚めてひとり雨音聞きており過ぎゆく時の足音のごと

千歳川に蛍は命継ぎゆくも特攻兵士の還らぬ命

水無月のホタル飛び交う川辺にて共謀罪の闇を見据える

**夜咄し**

打ち水に濡れたる石の程のよさ露地行灯に誘《いざな》われゆく

蹲《つくばい》にかがみて口を漱ぐときしずく一滴澄みし音立つ

日常の憂さを忘れてにじり入る茶室の床の初花清し

目を閉じて袱紗捌《さば》きの音を聞く紙蜀ゆらめく夜咄しの席

茶懐石の料理に酒も添えられて今宵ひととき非日常にあり

## 多喜二祭

目裏に多喜二の遺体浮かびきて二月の月が街濡らしおり

この道を多喜二の遺体は帰りしか青梅街道に長くたたずむ

多喜二の遺体が帰る青梅街道を一般車両は通行止めと

如月の月の光に誘われて多喜二暮らせし街を歩みぬ

下駄ばきの多喜二が通いしピノチオも若者向きの店となりたり

## こぎん刺し

小女子を勇気の皿にひとつまみついでに私もひとつまみ食む

わが膝に片足のせて眠りいる勇気のヒゲをチョンと引っ張る

青空に椽は花穂をふくらませ町はさやかな思いに染まる

単調な針の運びに癒やされて雨降る午後にこぎん刺しおり

糸を継ぎ行きつ戻りつ刺してゆくこぎんの模様にこころ重ねる

小選挙区の厳しさを又思いおり刺し子の白の淋しき模様

## ジャスミン

ふた取れば程よく香る糠床に水茄子ふたつ紺に漬かれり

ふるさとの風の荒さも懐かしき甘き干し芋風と作りぬ

ふっくらと土持ち上げし霜柱ホウレン草は甘み増しおり

たまねぎのやさしき甘み好みいし母の味噌汁今朝は作れり

ジャスミンの甘く匂える夕べには今日の一日《ひとひ》を良しと思えり

夏柑の白き花咲く戌の日ぞ腹帯祝う膳をつくれり

## 冬の青菜

春潮は岸に寄すれど帰り来ぬ数多の人を想いて過ごす

糠床に余り野菜を漬ける夜想いの端もそっと漬けこむ

逆境も霜と思いて肯えば冬の青菜の甘き歯ざわり

若者を石油のために死なせまい真冬の西瓜食べずともよし

人間の選別厳しい社会なり派遣の仕事に落とされてゆく

何処にでも生きる場所ありパンジーは鉢よりこぼれ道端に咲く

## 春往く

買物の回数減らすも良い手立て家事評論家は増税肯う

われも又下流老人と紙一重タイムサービスの食材選ぶ

「好循環」の実感なきわが暮らしスカーフ一枚買わず春往く



高原の月は明るく渡りつつ蝶の眠りをやさしく包む

アベリアの香りの中でバスを待つ前のめりする気持ち抑えて

麻よりも木綿のシャツの心地良し秋の気配のしるき朝なり

吾が足を温めるごとく寄り添いて眠れる「勇気」の重さ愛おし

## 高齢者サロン（一）

赤十字もお祭りの寄付も出来ぬから町会やめると老女は言いぬ

ひっそりと門扉閉ざして孤立する老女の暮らしに踏み込めずいる

高齢者の貧しきサロンに関われば助成金制度をまた読み直す

卓袱台に一皿のおかず分け合いしも幸せだった家族のいた日

非国民と言われ愛犬捨てしことその悲しみを今も忘れじと

## 高齢者サロン（二）

二百円で賄う昼食おいしいと一人暮らしの老女は笑みぬ

震災後きずな強まる高齢者サロン朝はしきりに安否気づかう

底なしの無縁社会の孤立死に小さなサロンも支えとなりぬ

古民家の憲法カフェは賑やかなり窓辺のゴーヤ空に伸びゆく

空襲の惨も知りいし老桜なり倒れし幹にびっしりの苔

ぽっかりと頭上にひらく青空よ桜花の幻影我に降りくる

## 春待つこころ

靖国に何を謀るや「解釈改憲」の出撃命令許してならず

青空が薄氷と見ゆる苦しさよ秘密保護法の目的知れば

薄氷の下に置かるるごとくいて今日の政治に瞬きもせず



多喜二祭・順三忌と重ね来て春待つこころまた勁くする

バロックのミサ曲高く響かせて夫は東欧の旅に発ちゆく

ザルツブルグ訪ねし夫は饒舌にモーツアルトや街並み語る

## トラジの蕾

明日ひらくトラジの蕾かぞえつつ慰安婦にされし少女を想う

拉致されし少女は母となりしとう母への思慕は阻まれしまま

胸熱く「生ける銃架」を読みし日よ槇村浩の歌碑にぬかづく

草の家に「間島パルチザン」の生原稿あり筆跡強き推敲の跡

## 白夜（一）

菩提樹の花降りつづくカウナスに杉原千畝の旧居訪いゆく

追われゆくユダヤの民の血の涙鉄路に沿いて赤き花咲く

影のごと千畝守りし人ありて列車のなかにビザ書きつづく

暮れなずむ白夜を西に飛びゆけば地平は赤き靄に溶けいる

北欧の夜の妖しさ天心に届かぬ位置を月渡りゆく

## 白夜（二）

日盛りに店閉じ始む老女いて白夜の町の夜のはじまり

水底を歩む心地に静かなり白夜のネヴァより夜更けて帰る

眠られぬツバメは空を飛びつづけ沈まぬ夕日に赤く染まれり

残業のなき国という若者は夏の夕べに水浴楽しむ

ヴィリニュスで歯痛を病みしは悪夢なり食事も観光も虚ろとなりぬ

## ポタラ宮

ヘブンブルーの空の真中に聳えたつポタラ宮は天への梯《かけはし》



突然に五体投地に倒れ伏し下駄を両手に黒く汚れて

チベットの農家のソーラー湯沸かし器うすき空気にやすやすと湧く

群青の空に真近きラサの町ソーラー発電が村をうるおす

高度世界一のタングラ駅に降り立てば薄き空気が肺にしみいる

五二〇〇ｍのタングラ峠を越えて行く清蔵鉄道にチベット人と

## 九塞溝

真夜着きしラサの町並み暗くして冷たき夜気に身をつつまれる



九塞溝は地球のタイムカプセル四億年前の水の耀き

透明な水を湛えし湖底には倒木あまた生きてるままに

傾きし小さな小屋の戸口前タルチョはためき人住むあかし

マニ車振りつつ遊ぶ子どもあり冷たき霧の流るる畑に

# 三章

二〇一一年の東日本大震災・福島原発の水素爆発は、我が家の暮らしも大きく揺すぶった。生まれて半年の孫を被爆から守りたいと、友人のいる奈良へ一か月疎開させた。一時は母子手帳が無ければ水も買えなかった。追い打ちをかけるようにコロナが流行し。わたしも陽性になってしまった。霊感商法の「勝共連合」と自民党の実態が明るみに出たが、政治は変わらなかった。一目で読み下せる短歌スタンディングは評判よかった。

## カタクリも蕨も

引力に逆らうごとき大津波「生かされし命」と人ら惨憺を言う

深々と津波の跡に降り積もる雪は廃墟に容赦もあらず

根こそぎに表土を削り除染する生きものたちの命もろとも

誰よりも海の恵みを知る人が「海見たくない」と声を落としぬ

皓々と立夏の真夜のスーパームーン原発停止の列島照らす

カタクリも蕨も土ごと浚われてみちのくに春のいぶき遠のく

日和山斜面に咲きし露草は儚きいのちの青澄ませおり

上弦の月がか細くひかる夜半　餓死せし人の孤独思えり

**内部被曝**

木枯らしに結界などなし帰宅困難区より落葉吹き来る

蛇口ひねれば湯が出る暮らしに原発容認われにもありし

朝露に光れる稲は風媒花しろきめしべにセシウムつくな

湯ぶねよりお湯溢れさす習慣《ならい》止め湯量の目盛り5センチ下げる

給食に産地公表求むるに「風評被害」と声を圧し来る

子供らに内部被曝の影落とし食物連鎖の汚染広がる

墓までも立ち入り禁止の村となり見知らぬ土地に迎え火を焚く

## 終末時計は一分進む

子供らにあらたな核の原罪を負わせし悲しみ消ゆることなし

たとうれば冷えたグラスに熱湯注ぐ　老朽原発の危うさのこと

原発の炉心清掃担えるは原発ジプシー　生活困窮者なり

原発に炉心清掃は欠かせない生活困窮者も欠かせぬ国か

原発収束も国家機密となりゆくか汚染水記事も小さくなりぬ

汚染地の鶏舎は人の未来図かゲージの中に斃れし鶏

収束も廃炉のめども立たずして終末時計は一分進む

**先がけて咲く**

パブリックコメント「原発ゼロ」の声清し原子力村に縁なきわれら

「主権在民」厳とありながら原発のやらせ・隠蔽今なおつづく

福島が好きと言いつつ若き母除染進まぬ町を去りゆく

命守れと反原発集会の十七万人われらのヘリよ確かに写せ

二次・三次原発労働者を差別する利権構造の闇は根深し

花冷えに怯む心を押されいる「誰の子も殺させない」ママたちの声

二分咲きの辛夷の白は清らなり先がけて咲く意志の確かさ

## 「耳のないうさぎ」

白内障で飛べないつばめ現ると福島レポートの警告つづく

じわじわと食物連鎖にあらわれる汚染数値にまた怒り湧く

福島に「耳のないうさぎ」の記事ありて食欲のない夏が過ぎゆく

原発の安全神話に加担せず外遊び一時間に子ども育てぬ

全員がマスクをつけてボール蹴る異常にみえる福島の日常

福島の子供の肥満全国一つぎの一番をひそか恐れる

離乳食始めし吾子を守らんと嫁は原発報道に目を凝らしいる

海藻も海も瀕死の福島に豪雨の予報ありただただ痛まし

## イタリアンパセリ

福島の子等の尿からセシウム検出　内部被曝の証拠ありあり

「ただちに別状なし」と言われしも人体実験かとこころ騒たつ

原発も再処理工場も語らずに街は光のベールを纏う

電飾の街を支えるダム湖あり沈みし里の声は届かず

駅前のゼブラゾーンでふと迷う選びし道の遠く見えれば

苦みあるイタリアンパセリ噛みしめる大飯原発はついに稼働か

**わたくしの自由が危ない**

空腹を忘れるためにシンナー吸う子供の貧困に言葉失くせり

犬飼うを非国民とされし日のあれば「共謀罪」に深き闇あり

生保者に鞭打つようなロゴを着るその平然を吾は恐れる

雛人形は階級序列に並びおり気付かぬままに祝いて来たり

雛を出す季節となれば切なかり離れ住む娘のひとりの暮らし

認知症予防のおしゃべりも三人寄れば共謀罪と狙われるかも

憲法が危ないんじゃないわたくしの自由が危ないとようやく気付く

## 妙法寺の初縁日

妙法寺の初縁日の賑わいなり「九条署名」は常より多し

戦争の悲惨を訴う「短歌」持つわれにうなずき署名する女性《ひと》

憲法カフェの常連客も参加して3000万署名をやり抜くかまえ

「18歳の息子がいるの」と語りだし息子の名前書き足す女性

猿回しも大道芸にも人だかり初縁日の平和の姿

正月の署名行動の勝負服明るき色の着物を選ぶ

## セーフティネット

列島をすっぽり覆う高気圧「梅雨明け十日」も崩れる異常

朝からの猛暑は異常ベランダの月桃の葉が身を捩じらせる

ひらひらとアサギマダラも訪いくれば「勇気」も一日窓辺で過ごす

（「勇気」猫の名前）

差しのべる手が届かないソーシャルデスタンス若葉の街に孤独深まる

はからずも一斉休校があぶりだすセーフティネットのこの脆弱さ

## コロナ陽性

感染者の止まらぬ数字におののきぬ死亡率高きわれも高齢者

アマゾンの森林火災は予兆なり結界超えし「コロナ」が迫る

コロナ陽性と決まれば厳しき掟あり夫とも話せずひたすらひとり

息潜め隠れ住みいし七日間濃厚接触者の夫のとまどい

たった二年の外出自粛に老い深み夫のジョークも稀になりたり

「非常事態宣言」の言葉になれて散歩するコロナ怖いが服従はいや

環七のナンジャモンジャの花淋し排気ガス浴び枝もつめられ

## 春の丹沢

木五倍子《きぶし》の花蕗の薹の黄キラキラと思い出に輝いて来る春の丹沢

沸騰化へと加速する地球の異変　小麦はすでに高騰はじむ

ツイッターの言葉よりも力あり婆らが語る戦争体験

老いたると云えど婆を侮るな飢えたる記憶鮮明に持つ

国防軍の出動拒否なら死刑とも驕りの政治ここに極まる

地位協定見直し続くドイツでは米兵犯罪も厳しく裁く

**レイシズム**

街宣の五日市街道入口に富士山《ふじ》も立ちたり冬晴れの朝

パンジーの花柄摘みより無残なり強制不妊手術少女にまでも

出生前検査で堕胎も許しいる優生思想に差別がにおう

レイシズム・優生思想その先の排除のカウント病者の吾も

産む自由産まない選択母にありお国のために子供は産まない

縄文のヴィーナス像の腰の張り格差なき世の母性かがやく

## トルファンの美女

すっぱりと切りたき事の数多あり梅の徒長枝バチバチと剪る

尾を引きしわが鬱屈も切るごとし刈込バサミの切れ味はよし

塀脇のヘクソカズラは残しおく小鳥と私の花輪《リース》のために

ビル脇の暗渠の小道を明るます日向ミズキの萌黄のつぼみ

セロハンの袋に詰めしドライフラワー果たせぬ夢の屍に似る

トルファンの美女のごとくに包まれし薔薇の乾燥花はかすかに匂う

## 桜は哀し

豊穣《ほうじょう》の海に桜は降り積まず死の灰重しビキニ環礁

死の灰の降りしく海を越えて来し第五福竜丸にそっと手を触る

春を待つ被爆アオギリの細き幹寒風の中に青み増しいる

靖国の桜は哀し散りゆくを清しと称うる歴史まといて

風のように逝ってしまった貴女もうヒマラヤポピーは揺らしましたか

柚子の実の色づき初めて炉開きの季節となるに友はいまさず

友の訃を風のたよりに聞きし夜の如月の月は潤みていたり

## 高層ビル

高層ビルに圧されしような家並あり老女がひとり帰りゆく家

陽の射さぬ小さな部屋の暮らしとう老女はいつも窓際に座す

「重なりし桜の下の焼死人」老女の声は暗くくぐもる

空襲で焼かれし家の火の色と赤いサルビア見詰めてはなす

空襲の火の色だけは鮮明に茫々となる思い出を聞く

埋められし防空壕の跡に建つ高層ビルに風の鳴りおり

## 秩父困民党

松明は火の川となり走りしか決起の刻の椋の神社に

資料館の草履の厚さに想いおり先駆けし者の道の険しさ

生糸とり暮らしを紡ぐ女たち決起の思いは渾身にあり

暴徒とも呼ばれし人が志士となる一二〇年の歴史を思う

決起せし草民の胸の高鳴りか秩父屋台囃子の撥のはげしさ

**霊感商法**

高額な壺にあらねば護符を買う縋りたきこと吾にもありし

縋りたき心に付け入る霊感商法勧誘のマニュアルに金持ちねらえと

未成年の死因のトップが自殺という霊感商法はびこる土壌

ぎりぎりの暮らし支える「もってけ市」やさしき連帯とぎれずつづく

ほんのりと明るみし雲のひとところ満月ありぬ真実のごと

今までもこれからも戦争の抑止には九条がある武器はいらない

# 四章

義妹の看病が終わり、私の癌発病から四年目に家の移転問題が発生した。ネットでの家探しなど、無我夢中の日が続いた。住み慣れた地域には大きな公園や善福寺川も家から三分、都心でありながら自然は豊かだったし、都心に出るのにも便利で住みやすかった。子どもを育て、私の人生の大半を過ごしたことになる。杉並九条の会、医療生協、平和委員会、年金者組合と、自治意識の高い地域の方に私も育てられた。いま杉並は第二の私の故郷でもある。

## 義妹《いもうと》よ

神仏の加護を信じぬ吾なれど今朝は手術の無事を祈れり

義妹の意識の戻り確かめて言葉少なく病院を出る

明日からの介護の手筈整えて義姉への電話夜半となりぬ

限りある命と知れど退院はめでたきものと赤飯炊ぐ

週一の抗癌治療に付き添いて落ちいる髪をそっと拾いぬ

食欲の戻らぬ義妹に「灘万」の茶わん蒸し買う　ためらいしのち

熱中症恐れて部屋にこもりいる義妹は厚きカーテン下ろし

## 緩和ケア

花溢れいる緩和ケアにくつろげど治療打ち切りに言葉をなくす

泣き言も言わずに耐えし義妹の闘病六年に涙溢れる

「ありがとう」と手を握りきし義妹の前夜の別れが最後となりぬ

義妹の癌終末にひた寄りて励ましおれど儚くなりぬ

義妹の小さくなりし手の感触がまたよみがえるひとり居のとき

主なき部屋に置かれし骨壺よひとり暮らしの在りし日のごと

## 病名告知

診察券三枚持ちしこの夏はブレーキかけつつ予定表かく

ありふれた花の名前が出てこない病名告知の帰りの道に

乳癌と知れば全摘のぞみしも『乳房喪失』があたま過りぬ

限りある命と思えば愛しかりパンジーの花がらそのむらさきまでも

留守中の「勇気」の世話は細々とへそくりの通帳も明かしてしまいぬ

薄墨の「夢」の一字を額装すかなわぬ夢の形見となして

## 病室の窓

縹色の病室の窓いっぱいに月と金星が渡って行くよ

雲切れる刹那の月の明るさよ　光の束は矢のように飛ぶ

唐突な三食昼寝夜景つき病室暮らしも五日目となる

カーテンを開けて眠れる病室に月光やさしく吾を包めり

金星のほかにも星が見えてきた明け方三時ネオンも消えて

風熄《や》みて雲なき空に目を凝らし都会の星を二十数える

街路樹の若葉の色が帯となり見下ろす街にリボンをかける

**ドールハウス**

わが退院を喜びくれし友ありて焼きたてのパン早速届く

お見舞いのドールハウスは手作りなり暖炉もベッットも絵本と同じ

退院後の麻雀大会三位なりツキはまだあり癌に真向かう

退院を待ってたように届きたり中華粽と優しき手紙

赤飯を炊いて祝いし昼食会サロンの友の温き励まし

## タジン鍋

階段を一段飛ばしに上りゆく若き娘の脛　かっての私

一〇分ごと体位を変える岩盤浴に今日の私はローストビーフ

筋力の戻った右手に気づきたり冬のかぼちゃもすっぱり切れた

手間かけた野菜料理をもう一品今日はつましきおからの小鉢

温野菜たっぷり食べる料理法とんがり帽子のタジン鍋にて

## 秋長ける

アールグレイの紅茶で染めし布巾なり漂白止めれば海にもやさし

終活の背を押しくるる病なり着物処分のチラシ目に留む

気に入りの色留め袖を着るよき日われの明日にしあわせあるや

秋長ける木の実しぐれの公園に今朝は七個の栃の実拾う

シルバーパス使いこなしてまだ行ける音楽会に国会前に

台風後「ミケはレスキューしました」と張り紙のあるこの街がすき

還暦を過ぎたる顔は自己責任媚びない顔になりたればよし

身の丈に合った暮らしは心地良しヒールを捨てて地に足つける

## 孫生れし日

鮮やかにチベットの蒼穹甦る孫生れし日の高き秋空

木犀の咲き盛る道香をまとい嫁《こ》が帰りくるみどり児を抱き

生え初めし歯の感触を楽しむや口笛のごと唇鳴らす

「気付いたらつかまり立ちしてました」孫の笑顔が携帯のなか

奈良までも避難せしことも思い出に一歳の誕生日無事に迎える

じじばばに囃され孫は立ち上がる背中の餅に顔を赤らめ

初孫の誕生祝いに張りこみし目の下一尺の鯛が届きぬ

あれこれとポーズ取らされ囃されて主役の孫は疲れて眠る

## 竹のぼり

「はだしのゲン」閲覧禁止の報ありてビデオ上映会は満員となる

ばばちゃんへと古希の花束届きたりメッセージカードの文字も幼く

二歳児の運動会のかけっこはのどかなりゴール目指さず母を目指して

エイサーの太鼓打つ手はピンと伸び弾むリズムに足を踏みゆく

竹のぼりてっぺんめざし登りゆく孫の未来に戦争あるな

大縄もリズム計りて飛び込みぬ五歳の孫は口引き締めて

昨日まで出来なかった鉄棒も今日はきれいに一回転する

運動会終りの言葉を言いし孫安堵の顔で母を探せり

嬉々として揚羽の幼虫持ち帰る小1の孫は少年の顔して

## 雪晴れの

元日の非核署名に立つ朝五枚コハゼの足袋きっちりと履く

「原水禁運動」発祥の地の自負を持ち非核署名訴える元日の朝

身罷りし友の着物に袖通す遺志を受け継ぐ決意かためて

寒風に真向かいて立つ非核署名　友の形見のきもの温とし

甘酒を差し入れくるる人のあり非核署名も地域に馴染む

雪晴れの朝の光は鋭角に眼刺しきぬ怠惰打つごと

## 交尾の一瞬

如月の空も待たずに伐られたる辛夷の大樹の花のまぼろし

小鳥も虫も住いし庭の大樹なり根こそぎ切られし後の虚しさ

オオタカの交尾の一瞬に出会いたりスマホまにわぬ命継ぐさま

陽だまりに小さく咲きし犬フグリ如月半ばの青き空色

ハクセキレイが私の前を歩いてる地球のいのちわたしの仲間

オオタカに出会いし今日はよき日なり良きこと日記に大きく記す

真っ白な紫陽花薄く色づけばしみじみ思う花の衰え

## 蝉の羽化

蝉の羽化早朝ウオークに出会いたりいのち輝く和田堀緑地

翡翠色の羽のばしゆく蝉の羽化まぼろしのごと見る身じろぎもせず

スローモーションで翡翠薄絹の羽のばし蝉が羽化する現ともなし

見惚れいし羽の翠が消えゆきぬ飛び立つ空に危険あらすな

ひと夏の七日ばかりの命なり月の涼しい夜も知らずに

いつしかに心奪れる暮らしなりペーパータオル止め花布巾刺す

**引っ越し**

カレンダーに不燃ごみの日確かめてラジカセに貼る日付のシール

物置の奥から出て来し段ボール四十八年の暮らしの名残り

子どもらの学級通信や通知表感謝の手紙もだまって捨てる

杉並に住みし誇りの一つなり原水禁運動発祥の地

参加せし原水禁大会やＮｐＴ会議資料の中の私の若さ

終活と思えど未だ未練あり謡曲本を捨てかねている

きっぱりと持たない暮らし誓い合いきりきり縛る雑誌『銀花』

伐られてもなお新芽吹くナツメの木移植拒むかに根を張りており

断捨離を済ませし後の空白を埋むるごとく花の種蒔く

## 落葉樹林

冬晴れの落葉樹林の切通し立ち漕ぎ止めて自転車を押す

猛暑には涼しき風が吹き抜けてブレーキかけずに下ったこの道

どんぐりや栃の実拾いし林なり蝉の羽化にも出会った夏よ

樹の陰に置かれしベンチの心地よさ蚊取り線香は必携なれど

百年間なまえ変えぬは矜持なりその名の下に斃れしひとあり

赤旗の最後となりし集金に引っ越し告げて支持も頼みぬ

四十八年住いし街も気がつけば低層マンションあちこちに建つ

転出届けに新住所を記入する杉並区との別れのサイン

住所欄に杉並と書くも最後なり軍拡反対署名は楷書で記す

**実生の桜**

憧れの田舎暮らしと思えば楽しスーパー・コンビニ遠くても

朝早く前の畑で売っている採りたて野菜をまた買い過ぎぬ

善福寺川の実生の桜も根付きたり花が咲くまで生きんと思う

畑土の名残りの庭の霜柱サクサク沈むサンダルの跡

一月の陽ざし届かぬ狭庭にもパンジー咲きて春を待ちおり

水仙は鉢いっぱいに芽立ちせり小さな家の春待つ庭に

南天の赤きつぶらみさえざえと庭をいろどり冬を越し行く

不器用な生き方なれどこれでよし請わるるままに今日も出かける

## やんちゃな愛猫

野ネズミを咥えて帰る「勇気」にはほとほと困り家に閉じ込む

ペットには入れないからと叱っても虫取りに夢中なやんちゃな「勇気」

「勇気」と一緒に見ている「世界猫歩き」媚びずに寄り添う猫の生き方

ワクチン打ち虫よけ軟膏も塗りやるにゴロンゴロンですぐにどろんこ

原っぱや隣家の庭がお気に入り今朝も早々ひとまわりする

私より先に地域に顔を売り「勇気」は塀を軽がる超える

一分があり

線量計の数字はいまだ人拒み残りし家も草に呑まれる

身を挺し土の汚染を防がんと草は蔽えり見渡すかぎり

白さぎと塩辛とんぼ戻りしも子らの声なし楢葉の田んぼ

夕闇に建屋の全景まじかにてデブリの存在身に迫りくる

帰還する見通し立たぬ日々なれど住民票移さぬ一分があり

水素爆発に追われて逃げし「その時」がまざまざ残るカーテンの奥

踊り手に子どもがいない「じゃんがら踊り」伝承消えゆく楢葉の町か

**新米を炊く**

新米はキロ八百円　部活にて孫は弁当二つ持ち行く

給食で命を繋ぐ子等たちに日本の米は届くだろうか

新米の値上げは痛し然りながらコクゾウムシも食べない輸入米は否

アメリカの農産物は国家戦略　自給率三七％が従属強いる

ことさらに台湾有事と煽りたて輸入止まれば芋食わすらし

庭隅のササゲの蔓を取り除き零れし豆が芽を出している

晩春に芽の出た里芋埋め置けば大きな株に子芋連なる

「米よこせ」のとおき一揆をおもいつつ地産地消のお米が欲しい

農家にも消費者にも嬉しきは武器を買うより米価の補償

ナツメの実お椀いっぱい稔りたり歌友の作りし新米と炊く

# あとがき

二〇二四年は私にとって記念の年になった。思いがけなくも啄木コンクールに「いつかきっと！」が佳作に入賞した。短歌を始めて四十年になろうとしている。歌を始めるきっかけは中野区職労の短歌サークル「百日紅」だった。その後新日本歌人協会の新都心支部を経て杉並支部を立ち上げ碓田のぼるさんに師事した。歌が上手くなりたいというより、短歌を通じての交流が楽しかった。夏の合宿・山の短歌学校・歌友に誘われてリトアニアまで行ってきた。又、歌を通じて社会の矛盾や、政治とのかかわりも深くとらえられるようになった。歌を通じて私も成長できたような気がする。

第一歌集『枯れ紫陽花』をだしてから二十年たった。ベルリンの壁が崩れた時は嬉しかった。東西の冷戦も終わり、これからは戦争は無くなるだろうと思ったが、ロシアが同胞の住むウクライナを攻撃したことに本当に驚き心が折れた。ロシア民謡やロシア文学は私の青春だったからだ。政府は、兵器の共同開発を推進するために、自衛隊を米軍の指揮下に組み込むという違憲な戦争法を通し、日本もアメリカについて戦争に参戦することになってしまった。この先世界はどうなってしまうのか、地震や山火事、もうパンドラの蓋は開いてしまったのだろうか。そんな時ジョン・レノンの「イマジン」を思い出した。「想像してごらん　天国も地獄もないんだよ　上にあるのは空だけ」という「イマジン」を絹るように聞いていた。そして日本が戦争に巻き込まれない為には、九条の精神を世界に広めるしかないと改めて思った。師の碓田のぼるさんは「敵を味方にするような短歌」とか「言葉のちから」とよくおっしゃる。私の歌のちからはまだ未熟であり、これからも精進したいと思い、終活の一つとして歌集に纏めることにしました。

作品は新日本歌人、民主文学、歌人後援会の「歌の風」に出した四一五首をまとめました。「あけび書房」さんに勧められ電子出版として出すことも出来ました。碓田さんはじめ、新日本歌人の先輩方にもご指導いただき、ともに学ぶ歌友がいたからこそ、今まで短歌を続けて来られたと思います。あらためて皆様に厚くお礼もうしあげます。「あけび書房」の岡林信一さんにもこころからお礼申し上げます。

二〇二五年二月尽　　　　横井妙子

横井妙子（よこい　たえこ）
1943 年生まれ　群馬県現太田市出身
1985 年　中野区職員互助会短歌サークル百日紅で短歌を始める
1990 年　新日本歌人協会入会　新都心支部に所属
2001 年　新日本婦人の会短歌小組「あけぼの杉」に入会
2004 年　新日本歌人協会杉並支部所属
2021 年　新日本歌人協会常任幹事　現在にいたる

1988 年度　職労文芸奨励賞　受賞
1989 年度　〃　〃
1991 年度　〃　〃
1994 年度　〃　〃
2024 年度　新日本歌人協会啄木コンクール　佳作入賞

歌集「遠き視線」

2025 年 3 月 15 日　初版 1 刷発行
著　者　横井妙子
発行者　岡林信一
発行所　あけび書房株式会社
〒 167-0054　東京都杉並区松庵 3-39-13-103
☎ 03.-5888- 4142　FAX 03-5888-4448
info@akebishobo.com　https://akebishobo.com

印刷・製本／モリモト印刷
ISBN978-4-87154-277-7　C0031